¡Cancionero!

Lada Josefa Kratky

HAMPTON-BROWN BOOKS
FOR BILINGUAL EDUCATION

Quien sabe dos lenguas vale por dos.®

Illustrators: *Cover, Title page, Contents pages, Back page,* Susan Guevara; *El osito,* Michelle Nassopoulos; *El árbol,* Winifred Barnum-Newman; *Insectos,* Frank Riccio; *Los elefantes,* Don Tate; *Uno, no más,* Melinda Levine; *La marcha de las letras,* Frank Riccio; *El mosquito,* Roni Shepard; *El perrito,* Frank Riccio; *Mi tío,* Francisco Mora; *El sapito,* DJ Simison; *La, la, la, la,* Rick Garcia; *La vaquita,* Melinda Levine; *La foca feliz,* Rick Garcia; *Yo,* Katey Monaghan; *La jirafa,* Alex Pardo De Lange; *El gusano,* Roni Shepard; *Dime,* Drew-Brook-Cormack; *El conejito,* Francisco Mora; *La ballena,* Don Tate; *La nutria,* Yu Cha Pak; *Las ranas,* Winifred Barnum-Newman

Hampton-Brown Books
P.O. Box 223220
Carmel, California 93922
1-800-333-3510

Printed in the United States of America
ISBN 1-56334-800-4
      99 00 5 4

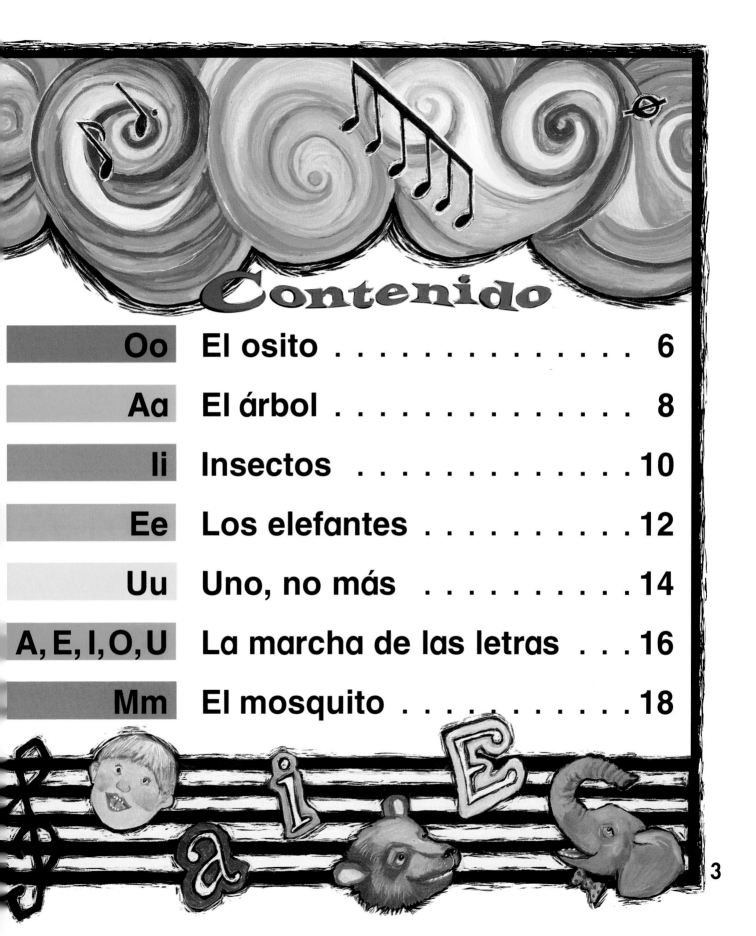

Contenido

El osito

El osito, el osito,
juguetón, juguetón,
juega con la oveja,
le tira de la oreja
sin parar... sin parar.

El osito, el osito,
comilón, comilón,
come de la olla
sopa de cebolla
ñam, ñam, ñam... ñam, ñam, ñam.

El osito, el osito,
dormilón, dormilón,
en piyama rojo
cierra bien los ojos,
a dormir... a dormir.

El árbol

Había un árbol
muy alto, muy alto,
en un gran bosque.
Piti piti piti pon.

Vivía allí
una araña, una araña,
en su telaraña.
Piti piti piti pon.

Vivían allí
una abeja, una abeja,
y una ardilla.
Piti piti piti pon.

Eran las tres
muy amigas, muy amigas,
las tres juntas.
Piti piti piti pon.

9

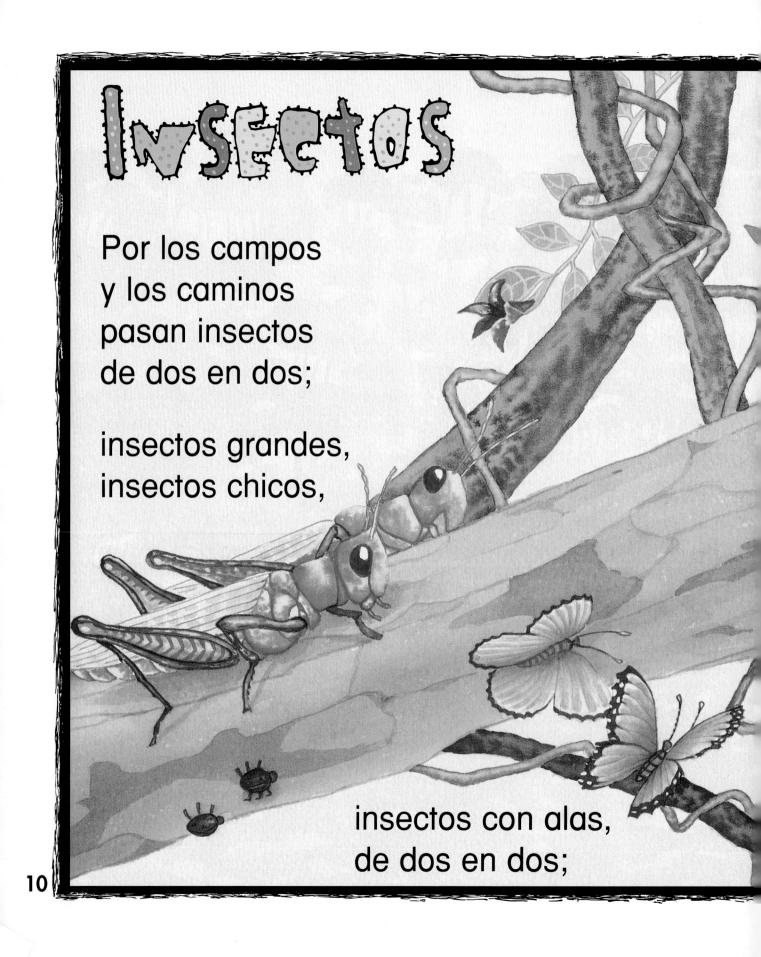

INSECTOS

Por los campos
y los caminos
pasan insectos
de dos en dos;

insectos grandes,
insectos chicos,

insectos con alas,
de dos en dos;

10

insectos morados,
y anaranjados,

insectos iguales,
de dos en dos;

insectos ojones
y orejones,

insectos panzones
de dos en dos.

Los elefantes

Don Elefante comió espinaca.
Don Elefante comió espinaca.
Don Elefante comió espinaca
desde la hamaca.

Doña Elefanta comió ensalada.
Doña Elefanta comió ensalada.
Doña Elefanta comió ensalada
con una cuchara.

Elefantito comió elotes.
Elefantito comió elotes.
Elefantito comió elotes.
Se hizo unos bigotes.

13

Uno, no más

Dime cuántas colas tiene el cerdito.
Una, sólo una.
Una, no más.

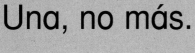

Dime cuántos picos tiene la urraca.
Uno, sólo uno.
Uno, no más.

Dime cuántos cuernos tiene el unicornio.
Uno, sólo uno.
Uno, no más.

Dime cuántas trompas tiene el elefante.
Una, sólo una.
Una, no más.

La marcha de las letras

Primero verás
que pasa la A
con sus dos patitas
muy abiertas al marchar.

Ahí viene la E
alzando los pies:
el palo de en medio
es más chico como ves.

Aquí está la I
le sigue la O:
una es flaca y otra es gorda
porque ya comió.

Y luego detrás
llegó la U
como la cuerda
con que siempre saltas tú.
—Cri Cri

El mosquito

Había un mosquito
muy pillo y juguetón.

Comía en el mercado
manzana y melón.

Comía mermelada
y mole y macarrón.

18

Comía con las manos.
—¡Así sabe mejor!

Su mami le decía:
—Usa el tenedor.
Y él le repetía:
—Así sabe mejor.

El perrito

Yo quería un patito
y le puse una corbata,
pero se fue con doña Pata.

Yo quería un pollito
y le di una golosina,
pero se fue con la gallina.

20

Yo quería un perrito
y le dije: —Soy tu amigo.
Y se quedó aquí conmigo.

21

Mi tío

Mi tío fue al mercado
y me trajo un tambor.
Ton ton ton; ton ton ton
hace el tambor.
Ton ton ton; ton ton ton
hace el tambor.

Mi tío fue al mercado
y me trajo un torito.
Mu mu mu; mu mu mu
hace el torito.
Mu mu mu; mu mu mu
hace el torito.

EL SAPITO

Había un sapito,
sapito, sapito,
sentado en una silla.
Sí, señor.

La silla era dura,
muy dura, muy dura,
y saltó a un sombrero.
Sí, señor.

24

Entró la niña Susi,
Susana, la Susi,
y se puso el sombrero.
Sí, señor.

Susana dio un grito
de susto, de susto,
y el sapo dio un salto.
¡Sí, señor!

La lombriz dijo a la laguna:
—Oye bien mi canción sonora.
¡La, la, la, la!

La laguna respondió:
—¡Lirón, lirón, lirón!

La lombriz dijo a la luna:
—Oye bien mi canción sonora.
¡La, la, la, la!

La luna le respondió:
—¡Lurún, lurún, lurún!

La vaquita

Vengan a ver mi chacra
que es hermosa.
Vengan a ver mi chacra que es hermosa.
La vaquita hace así: —mu mu.
La vaquita hace así: —mu mu.

Oh ven, mi vaquita,
Oh ven, mi vaquita,
Oh ven oh ven oh ven.
Oh ven, mi vaquita,
Oh ven, mi vaquita,
Oh ven oh ven oh ven.

Vengan a ver mi chacra
que es hermosa.
Vengan a ver mi chacra que es hermosa.
La víbora hace así: —ss.
La víbora hace así: —ss.

Oh ven, viborita,
Oh ven, viborita,
Oh ven oh ven oh ven.
Oh ven, viborita,
Oh ven, viborita,
Oh ven oh ven oh ven.

La foca feliz

Felipa es una foca
que vive muy feliz, muy feliz,
subida en una roca
junto a un faro gris, faro gris.

Ni el frío ni el viento fuerte
que llega de la mar, de la mar,
molestan a Felipa
cuando en su roca está, allí está.

Dijo la pata a su patito:
—¿Quién quiere lluvia?
—Yo. Cua, cua.

Dijo la gata a su gatito:
—¿Quién quiere nieve?
—Yo. Miau, miau.

Dijo la vaca a su ternero:
—¿Quién quiere nubes?
—Yo. Mu, mu.

Dijo la yegua a su potrillo:
—¿Quién quiere sol?
—Yo. Yi, yi.

La jirafa

La jirafa, la jirafa
tiene que bañarse.
Su mami le regala
un poco de jabón.
Un poco de jabón.
Mueve las patitas.
Ton ton ton.

La jirafa, la jirafa
se pone a jugar.
Su mami le regala
un gorro para el sol.
Un gorro para el sol,
un poco de jabón.
Mueve las patitas.
Ton ton ton.

El gusano

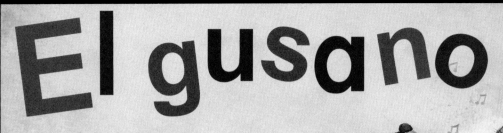

Estaba el gusano sentado
tocando debajo del árbol.
Cuando el gusano salió a tocar
vino el gato y se puso a bailar.

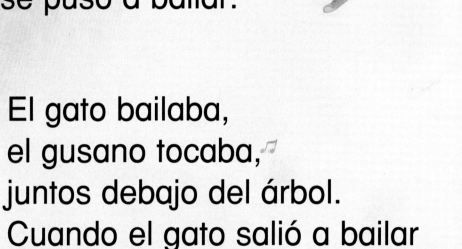

El gato bailaba,
el gusano tocaba,
juntos debajo del árbol.
Cuando el gato salió a bailar
vino el gallo y se puso a cantar.

El gallo cantaba,
el gato bailaba,
el gusano tocaba,
juntos debajo del árbol.
Así fue cómo empezó
la fiesta del "cocorocó".

DIME

Dime de quién es esta cola.
Dime de quién es esta cola.
Dime de quién es esta cola.
Es de un gallito.

Dime de quién es esta cola.
Dime de quién es esta cola.
Dime de quién es esta cola.
Es de un delfín.

Dime de quién es esta cola.
Dime de quién es esta cola.
Dime de quién es esta cola.
Es de un dinosaurio.

El conejito

En una casa,
en una cama,
un conejito
se despertó.

Y con camiseta,
con calcetines,
con calzones
se vistió.

40

Comió caramelos
y culebritas
y caracoles
y se enfermó.

Y su amigo,
el canguro,
caldo le dio
y se mejoró.

La ballena

La ballena
muy hambrienta
abrió la boca
y se tragó
cuatro botas,
dos barriles,
una bola
y un bombón;

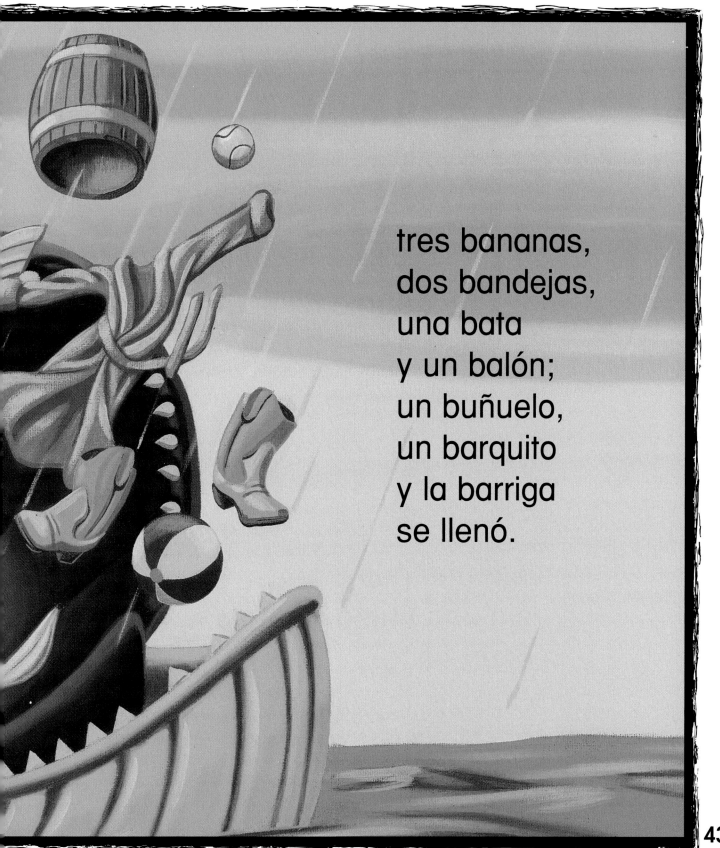

tres bananas,
dos bandejas,
una bata
y un balón;
un buñuelo,
un barquito
y la barriga
se llenó.

La nutria

Yo veía una nutria,
yo veía una nutria,
y le di una naranja,
pero me dijo:
    —No, no gracias.

Yo veía una nutria,
yo veía una nutria,
y le di un nabo,
pero me dijo:
    —No, no gracias.

Yo veía una nutria,
yo veía una nutria,
y le di unas nueces,
pero me dijo:
　　　—No, no gracias.

Yo veía una nutria,
yo veía una nutria,
y le ofrecieron calamar
y entonces dijo:
　　　—Ay, sí gracias.

Las ranas

Salió la rana del agua,
la rana salió a jugar
y otras ranas del río
se pusieron a brincar.

Todas las ranas amigas
empezaron a remar
subidas en una rosa
que se cayó del rosal.